LES ACTEURS DÉPLACÉS,

OU

L'AMANT COMEDIEN.

COMEDIE EN UN ACTE.

Avec un Prologue & un Divertissement.

Représentée pour la premiere fois par les Comédiens ordinaires du Roi, le 14 Octobre 1735.

Le prix est de vingt-quatre sols.

A PARIS,

Chez PIERRE RIBOU, rue Saint Jacques, au coin de la rue de la Parcheminerie, à Saint Louis.

M. DCCXXXVII.

Approbation & Privilege du Roi.

ACTEURS
du Prologue.

LA VILLE DE PARIS personnifiée Mlle DUBOCAGE.

LA FOLIE déguisée en Auteur, Mlle DANGEVILLE, jeune.

Madame DANGEVILLE.

Monsieur POISSON.

M. DE MONT-MENY.

M. DE LA THORILLIERE.

M. FLEURY.

Mlle GRANDVAL.

Le petit ARMAND.

La petite DEHAND.

La Scene est sur le Théatre de la Comedie Françoise.

LES ACTEURS DÉPLACÉS,

OU

L'AMANT COMEDIEN.

SCENE SECONDE.

LA FOLIE, LA VILLE, M. DE MONT-MENY.

LA FOLIE, *mettant la main sur l'épaule de M. de Mont-Meny.*

LE voici. (*considerant la Ville,*) Ah! ah! Madame, vous dans ces lieux! je suis charmée de de vous y rencontrer ; je vois que nous sommes inséparables.

LA VILLE.

Quoi! vous me connoissez?

LA FOLIE.

Oui, Madame, à votre Vaisseau peut-on vous méconnoître? embrassons-nous ; j'ai toujours diverti la Ville & les Fauxbourgs.

LA VILLE.

La Ville & les Fauxbourgs vous sont très-redevables.

LA FOLIE.

J'ai là, *montrant sa tête*, une ressource infinie pour vos amusemens ; vous en jugerez par l'échantillon que je vous apporte.

LA VILLE.

Je suis impatiente de le voir.

LA FOLIE, *à M. de Mont-Meny.*

Allez dire à vos camarades que je les attens ;

SCENE TROISIEME.
LA FOLIE, LA VILLE.

LA FOLIE.

IL me semble que vous me considerez avec beaucoup d'attention.

LA VILLE.

Je regarde si je ne reconnoîtrai pas en vous les traits de quelques-uns de mes Auteurs ; mais j'ai beau vous examiner, vous ressemblez à tous en général, sans en désigner aucun en particulier ; votre personne est toute nouvelle à mes yeux.

LA FOLIE.

Vous me surprenez ! je suis sans cesse avec vous ; je préside à toutes vos actions, je gouverne toutes vos démarches ; c'est moi que vous prenez pour guide, pour conseil, & vous ne me connoissez pas ?

LA VILLE.

Non, quel est votre nom, votre demeure ?

LA FOLIE.

Ma demeure est partout ; Maisons, Palais, Bureaux, Comptoirs, tout me sert d'azile ; je loge, avec la suffisance, chez les Financiers, avec la fatuité, chez les petits Maîtres, avec l'appétit, chez les Gascons, au Cabaret, avec les Peintres, proche les toîts, avec les Auteurs.

PROLOGUE.

SCENE PREMIERE.
LA VILLE DE PARIS, M. DE MONT-MENY.

M. DE MONT-MENY.

Quoi ! la Ville de Paris dans notre Hôtel ! cela m'étonne ; puis-je vous demander, Madame, la cause de votre visite ?

LA VILLE.

Elle a pour objet vos intérêts & mes plaisirs.

M. DE MONT-MENY.

L'un & l'autre est l'unique but de nos soins ; cependant nous n'avons pas toujours le bonheur de réussir.

LA VILLE.

Je ne le sçais que trop ; mais dans la circonstance où je me trouve, j'ai besoin que vous fassiez un effort.

M. DE MONT-MENY.

Vous pouvez compter sur notre zele.

A iij

PROLOGUE.

LA VILLE.

Vous me voyez à la veille d'être entierement abandonnée; depuis le départ des Officiers, le beau sexe n'a trouvé d'amusement que chez les gens de Robbe & les Abbez; les vacances vont nous enlever les uns & les autres, si vous ne trouvez moyen de les retenir.

M. DE MONT-MENY.

Que faut-il faire pour cela ?

LA VILLE.

De l'excellent, ou du bizarre.

M. DE MONT-MENY.

L'alternative est embarrassante : le premier est au-dessus de nos forces, le second est fort équivoque.

LA VILLE.

N'importe, il faut quelquefois risquer.

M. DE MONT-MENY.

Pour vous satisfaire, Madame, nous aurions besoin de quelque cerveau de travers, de quelque Auteur Calotin.

PROLOGUE.

M. FLEURY.
Je l'en défie, si nous parlons toujours.

LE PETIT GARÇON.
Quelle lenteur! cela devroit être lû.

LA PETITE FILLE.
Vous m'impatientez furieusement; commencez donc.

LA FOLIE.
Point de lecture : je suis un Auteur au-dessus des regles, je prétens que ma Piece soit reçûe sans examen.

M. DE MONT-MENY.
Que dites-vous ?

MADAME DANGEVILLE.
Comment ?

M. FIERVILLE.
Je ne vous comprens pas.

LA FOLIE.
Cela pourtant est assez clair.

M. DE LA THORILLIERE.
Y pensez-vous, Monsieur ?

M. FLEURY.
La proposition est absurde.

Mlle GRANDVAL.
Quelque bonne opinion que nous puissions avoir de vous, le risque est trop grand.

LE PETIT GARÇON.
En vérité, Monsieur, vous n'êtes pas raisonnable.

LA PETITE FILLE.
Depuis que je suis au Théatre, je n'ai rien vû de pareil.

PROLOGUE.

LA FOLIE.

Je n'écoute point vos discours ; conformez-vous, s'il vous plaît, à mes intentions, sinon point de Piéce. J'ai fait l'ouvrage sans réflexion, je veux qu'il soit reçû sans lecture, & joué sans répétitions.

M. DE MONT-MENY.

Sans répétitions !

MADAME DANGEVILLE.

Vous plaisantez.

M. POISSON.

Cela n'est pas possible.

M. FIERVILLE.

Je n'y consentirai jamais.

Mlle GRANDVAL.

Nous avons des Juges trop éclairés, on ne nous passeroit pas cette imprudence.

LE PETIT GARÇON.

Ma réputation s'y trouveroit compromise.

LA PETITE FILLE.

J'ai trop d'expérience pour vous donner ma voix.

LA FOLIE *se levant*.

Je me retire ; vos refus obstinés vous rendent indignes de mes bontez. Adieu.

M. FLEURY.

Voyons ce qu'il veut nous donner.

MADAME DANGEVILLE.

C'est peut-être du bon.

PROLOGUE.

LA VILLE.

Et avec la Discorde chez les Comediens.

LA FOLIE.

C'est la vérité ; mais écoutez : sous l'habit d'un Narcisse je me promene aux Thuilleries de cette façon. *Elle marche comiquement*, tantôt sous la figure d'une Coquette je fais l'exercice de l'éventail, je lance un coup d'œil au Comte, je souris au Président, j'agace le Trésorier ; une autre fois, avec la contenance d'un jeune étourdi, j'entre chez une Actrice, & voici mon début : *elle danse*. Ma Reine, que vous avez de charmes ! *elle embrasse la Ville*. Me donnez-vous à souper ?

LA VILLE.

Tout cela me divertit, sans m'éclaircir.

LA FOLIE, *montrant sa marotte*.

Connoissez-moi.

LA VILLE.

Eh ! quoi ! c'est la Folie !

LA FOLIE.

Elle même. J'ai pris soin d'inspirer à un jeune Auteur la piéce que j'apporte ; c'est son coup d'essay. La crainte que donnent ordinairement les premieres productions, l'empêche de se faire connoître : je me suis chargée de présenter son ouvrage.

LA VILLE.

Puisque la Folie s'en mêle, je compte sur du plaisant.

LA FOLIE.

Vous y trouverez peut-être du singulier. Mais

PROLOGUE.

j'apperçois les Comédiens, voulez-vous être témoin de la façon dont ils recevront la piéce ?

LA VILLE.

Non; je vais inviter mes habitans à venir prendre part au cadeau que vous leur préparez.

SCENE QUATRIEME.

LES COMEDIENS, LA FOLIE.

M. DE MONT-MENY, *à la Folie.*

J'Ay l'honneur de vous préfenter mes camarades.

LA FOLIE.

Meſſieurs, je ſuis votre ſerviteur.

M. POISSON.

Un ſiége à Monſieur.

MADAME DANGEVILLE.

Avancez ce fauteuil.

M. DE LA THORILLIERE.

Commencez, Monſieur, nous ſommes prêts à vous entendre.

Mlle GRANDVAL.

Je ſuis vive, prompte, ne me faites point attendre.

M. FIERVILLE.

Hâtez-vous, nous avons répetition.

M. POISSON.

Liſez diſtinctement.

PROLOGUE.

nous les préviendrons, si vous voulez m'en croire.

Mlle GRANDVAL.

De quelle maniere ?

LA FOLIE.

En tirant les rôles au sort.

M. FIERVILLE.

Le projet est charmant.

MADAME DANGEVILLE.

Je l'adopterois en faveur de la nouveauté.

M. DE MONT-MENY.

On n'a jamais rien proposé de si ridicule.

M. FLEURY.

J'en conviens ; mais il faut quelquefois se prêter aux idées de ces Messieurs.

Mlle GRANDVAL.

Peut-être que le sort sera moins capricieux que l'Auteur.

M. POISSON.

Pour moi je jouerai tout ce qui me viendra.

LE PETIT GARÇON.

Cet Auteur là me paroît timbré.

LA PETITE FILLE.

Sa pauvre cervelle est bien malade.

M. DE LA THORILLIERE.

Voyons ce que cela produira.

LA FOLIE.

Puisque vous voilà d'accord, ne perdons point de tems. Madame Dangeville, commencez, *elle tire* ; attendez à voir votre sort que tout soit tiré. *On tire.* Voyons à présent les rôles qui vous sont échûs.

Madame Dangeville.

Lucile, à moi l'amoureuse ! me voilà bien lotie !

M. Poisson.

Dorante, c'est apparemment l'amoureux, *à Madame Dangeville*. Touchez-là ; je suis aussi bien partagé que vous.

M. de la Thorilliere.

Le Marquis. Moi, Marquis ! suis-je d'une tournure à faire des extravagances ?

Mlle Grandval.

Lisette. Le sort répond à l'idée de l'Auteur, il en faut passer par-là, malgré le péril.

M. de Mont-Meny.

Leda, mere d'Helene. *à la folie*. Si vous croyez que je jouerai ce rôle-là, vous vous trompez fort.

M. Fleury.

Doris, confidente de Leda, *à M. de Mont-Meny*. Nous sommes bien assortis.

Mlle Grandval.

Voilà deux Acteurs placés à merveilles.

M. Fierville.

L'Elu, pere de Dorante. C'est un niais ; moi je doublerai M. Dangeville ! je ne crois pas cela !

La Folie, *au petit Garçon*.

A vous petit bonhomme.

Le petit Garçon.

Monsieur Mondor, pere de Lucile. *à Madame Dangeville*. Je serai votre papa, Madame ; allez, allez, je vous ferai obéir de la bonne sorte.

PROLOGUE.

M. DE LA THORILLIERE.

Si la Piéce ne nous convient pas, nous ferons les maitres de la refuser.

M. FIERVILLE.

C'eſt bien dit, Monſieur ; Revenez, s'il vous plaît.

Mlle GRANDVAL *à la Folie*.

Vous êtes bien vif.

LE PETIT GARÇON.

Qu'on a de peine avec les Auteurs !

LA PETITE FILLE.

Quelle complaiſance il faut avoir !

LA FOLIE.

Je ſuis charmée de vous voir plus dociles, & que votre intérêt vous ouvre enfin les yeux. La Piéce dont il s'agit, eſt une eſpece d'ambigu, elle a pour titre : *l'Amant Comédien* ; en voici les rôles tout prêts.

Mlle GRANDVAL.

Sans doute que vous faites de moi une amoureuſe tendre, vive & badine ?

M. POISSON.

De moi un Criſpin, qui par des traits bouffons, & des ſauts en avant....

M. DE LA THORILLIERE.

De moi un raiſonneur, un pere ?

LA FOLIE.

Point du tout, *à Mlle Grandval*. Je vous donne un rôle de ſoubrette.

Mlle GRANDVAL.

Moi, foubrette ! cela ne me va point ; j'en appelle au Parterre.

LA FOLIE.

Un Auteur est maître des rôles ; ainsi, Mademoiselle, je vous prie de faire celui que je vous destine.

Mlle GRANDVAL.

Si vous le voulez absolument, je risquerai ce début.

M. FIERVILLE.

Non pas, s'il vous plaît : les foubrettes appartiennent à Mesdemoiselles Dangeville ou Dubocage : demandez à mes Confreres.

M. DE MONT-MENY.

Monsieur a raison.

M. FIERVILLE.

On ne doit point aller sur les droits de ses Camarades.

LA FOLIE.

Mais, Monsieur....

M. FIERVILLE.

Mais, tant qu'il vous plaira.

LA FOLIE.

Quoi ! je ne pourrai disposer....

MADAME DANGEVILLE.

Non, nous avons chacun notre emploi marqué; ayez la bonté de vous y conformer.

LA FOLIE.

Je vois que nous allons avoir mille difficultez ;

PROLOGUE.

LA PETITE FILLE.

Madame Mondor. Me voilà mere avant d'être mariée; *à Madame Dangeville.* Ma petite mignone, vous ferez ma fille, vous n'aurez qu'à vous bien tenir, je fçais comme on range la jeuneffe.

LA FOLIE.

Il me refte un rôle de payfan, mais je m'en charge: pour rendre la Piéce plus folle, j'y repréfenterai Monfieur Lucas; je ferai déplacé tout comme vous.

M. DE MONT-MENY.

Ho ça, Monfieur l'Auteur, vous imaginez-vous qu'on puiffe repréfenter votre Comédie, comme les rôles en font diftribués?

LA FOLIE.

Pourquoi non? le Public veut du nouveau; peut-être en trouvera-t'il dans le déplacement des Acteurs.

M. FIERVILLE.

Nous ne rifquerons pas une pareille nouveauté.

MADAME DANGEVILLE.

Nous ferions les dupes de notre complaifance.

LA FOLIE.

Raffurez-vous: je prends tout fur mon compte. Le Public m'a toujours favorifé; vous vous reffentirez tous des bontez qu'il a pour un Auteur comme moi.

M. DE MONT-MENY.

Vous ne pouvez être infpiré que par la folie.

B

LA FOLIE.

Vous penfez jufte ; c'eft elle que vous voyez fous ce déguifement ; *montrant fa marote*. S'il vous refte quelque doute, qu'il s'évanouiffe à l'afpect de mon fceptre.

M. POISSON.

Honneur à la Souveraine du genre humain.

M. FIERVILLE.

Nous ne nous oppofons plus à vos volontez.

LA FOLIE.

Allons, que ma Piéce foit jouée fur le champ.

Mlle GRANDVAL.

Donnez-nous donc les moyens de vous fervir auffi promptement que vous le défirez.

LA FOLIE.

C'eft à quoi je vais pourvoir ; les Dieux, qui m'ont privée du jugement, pour m'en dédommager, m'ont donné la mémoire, & la faculté de la communiquer. *En les touchant de fa marote*. Eprouvez la vertu de la marote ; une fimple lecture de votre rôle vous fuffira pour le fçavoir. Allez. *Les Comédiens fortent.*

LA FOLIE, *au Public.*

Meffieurs, le défir de vous plaire a fouvent fait imaginer aux Auteurs quelque chofe de fingulier, mais toutes les folies ne font pas heureufes ; nous fouhaitons que celle-ci vous amufe, & que l'ardeur de notre zéle faffe excufer notre témerité.

Fin du Prologue.

LES ACTEURS DÉPLACÉS,

OU

L'AMANT COMEDIEN.

COMEDIE.

ACTEURS.

M. MONDOR, pere de Lucile, *le petit Armand.*

Madame MONDOR, *la petite Dehand.*

DORANTE, fils de l'Elu, Amant de Lucile, *M. Poisson.*

LUCILE, Amante de Dorante, *Madame Dangeville.*

Le Marquis DE BOIS-SEC, frere de l'Elu, *M. de la Thorilliere.*

L'ELU DE BEAUJEU, pere de Dorante, *M. de Fierville.*

LEDA, mere d'Helene, Reine de Sparte, *M. de Mont-Meny.*

DORIS, Confidente de Leda & d'Helene, *M. Fleury.*

LISETTE, suivante de Lucile, *Mademoiselle Grandval.*

LUCAS, Jardinier de Monsieur & Madame Mondor, *Mademoiselle Dangeville jeune.*

La Scene est à la Maison de Campagne de Monsieur & Madame Mondor, proche Lyon.

SCENE PREMIERE.
LISETTE, LUCAS.

LUCAS.

ous vla fort à propos, Mameselle Lisette.

LISETTE.
Que me veux-tu, Lucas?

LUCAS.
Vous savais bian que M. Dorante, nous a ce matin graissé la patte pour nous engager à parler de son amour à Mameselle Lucile?

LISETTE.
Oui, Lucas.

LUCAS.
Vous savais bian que nous ne li en avons pas encore ouvart la bouche.

LISETTE.
L'occasion ne s'en est pas offerte.

LUCAS.
Vous savais bian itou que je ne savons pas trop si ce Monsieu Dorante est tel qu'il nous le paroit.

LISETTE.
Oh! je ne doute point de sa probité, elle est pein-

te fur fon vifage: il a l'air & la maniere d'un homme de naiffance.

LUCAS.

C'a eft vrai, Mamefelle Lifette ; mais, morguć y a des parfonnes qui avont des philozomies fi trompeufes.

LISETTE.

Je n'ai fur Dorante aucun fâcheux foupçon.

LUCAS.

Tant mieux. Ho ça, Mamefelle Lifette, vous favais bian tout ce que je venons de vous dire ; mais, ventrebille, vous ne favais pas tout.

LISETTE.

Que fçais-tu donc encore, Lucas ?

LUCAS.

Regardez-moi bian fixiblement, à marveilles! devinais vous queuque chofe ?

LISETTE.

Non. Que veux-tu dire ?

LUCAS.

Vous ne devinais rian ! vous me trompais, Mamefelle Lifette : vous êtes trop éveillée, trop feine, pour ne pas var que je fommes épardument amoureux de vous.

LISETTE.

Quoi ! tu m'aimes ?

LUCAS.

La tête m'en torne. Mais votre furprinze eft-elle de joye ou de trifteffe ?

LISETTE.

Vraiment, Lucas, elle est de joye.

LUCAS.

Alle est de joye ! me vla le plus heureux Jardinier du Village ; apprenais que depis long-tems je renfarmions ſtamour-là, & que ſans ſtilà de Dorante je n'aurions jamais oſé vous dégoiſer. Tatigué ! que je vians de me tirer une tarrible épeine du pié ? vous m'aimais, je vous aime, & je nous aimons : queul raviſſement ! ne ſongeons qu'à nous bian aimer, & à conduire, chemin faiſant, l'amour de Dorante à bonne fin. A ne vous point mentir je fis un tantet coeffé de ce gentilhomme là ; ſa contenance m'a plû d'abord ; une parſonne de rian n'auroit pas une meine ſi revenante, des magnieres ſi agriables, & ne feroit pas de ſi biaux préſens ; Lucile & li ſont faits l'un pour l'autre ; c'eſt un mariage conclu, & le nôtre pardeſſus le marché.

LISETTE.

Tu vas bien vite, Lucas ; ſçavons nous ſi Monſieur & Madame Mondor ſont d'humeur à marier leur fille ?

LUCAS.

Pourquoi la garderiont-ils ? une fille n'eſt bonne qu'à devenir femme, pis à rendre ſon mari . . . . . . que ſçais-je ?

LISETTE.

Malgré l'empire que j'ai ſur l'eſprit du pere & de la mere, je crains de voir échouer mon projet.

LUCAS.

Vous êtes trop craigneuſe, tout ira bian.

LISETTE.

Sur quoi fonde-tu cette eſpérance?

LUCAS.

Pargué, ſur la raiſon. Acoutez, Mameſelle Lucile n'a que ſeize ans, alle ſort du Couvent, où alle n'a pû faire d'inclination; drès qu'alle verra Dorante, zeſte, alle en deviendra folle. Dorante ira & viendra; il écrira, alle répondra; le pere & la mere s'apercevront de queuque manigance; ils eſpioneront leur fille, ils la ſurprendront cauſant, riant, folâtrant aveuc Dorante; auſſi-tôt de faire tapage du côté des bonnes gens, de l'autre de pleurer, ſe lamenter, ſe déſeſperer. Qu'arrivera-t-il? la peur de faire mourir de chagrin une fille unique qu'ils aimont, les fra bailler dans le pagniau: on les marira, pour faire taire les jazeurs, & je nous marirons de compagnie; ça eſt clair comme le jour.

LISETTE, *riant.*

A merveilles.

LUCAS.

N'en riais-pas, j'ons morgué, ſous ce chapiau là tout autant de çarvelle qui en a ſous votre cornette. Ne laiſſons pas languir les choſes, ma chere partendue, allons faire à Lucile la preumiere ouvarture de l'amour de Dorante. Mais le vecy.

SCENE

SCENE SECONDE.

DORANTE, LISETTE, LUCAS.

LUCAS.

Pargué, Monsieu Dorante, je parlions de votre affaire.

LISETTE.

Pourquoi paroissez-vous ici?

DORANTE.

Je venois apprendre....

LISETTE.

Demeurez tranquile, vos intérêts sont en bonnes mains.

LUCAS *tendant la main*.

Je vous farvons de tout notre cœur.

DORANTE.

Je le crois. Mais en quel état sont les choses?

LUCAS.

Tout comme ce matin.

DORANTE.

Mon impatience est extrême.

LUCAS.

J'allons doucement, mais je ne nous arrêtons point.

LISETTE.

Vous sçaurez aujourd'hui votre destinée.

DORANTE.

Puisse-t'elle s'accorder avec mes désirs! Je viens

encore d'appercevoir Lucile ; qu'elle a de charmes ! Ah ! Lisette, si tu voulois, je pourrois moi-même lui déclarer que ses beaux yeux ont fait naître dans mon cœur la passion la plus vive.

LISETTE.

Je lui dirai tout cela ; sortez, Monsieur, je vous en conjure.

LUCAS *tendant la main.*

Tandis que vous nous amusais, je n'avançons rian.

DORANTE.

Je pars ; mais, ma chere Lisette, puis-je me flatter de l'espérance que tu m'as fait concevoir ?

LUCAS.

N'en ayez point de doutance ; rian ne se fait dans la maison que par le canal de Lisette ; alle mene la fille, le bon-homme & la bonne femme par le nez, alle est leur précepteur, leur intendant, leur maître enfin.

LISETTE.

De grace sortez ; si l'on nous surprenoit ensemble, cela nuiroit à vos affaires.

DORANTE.

Tu raisonnes sensément, Lisette ; mais je crains que tu ne t'imagines que je te trompe.

LISETTE.

Je n'ai point ce soupçon.

LUCAS.

Je sommes tous deux coëffés de votre figure.

DÉPLACÉS.

DORANTE.

Ma famille est très-connue de M. & Madame Mondor ; si cette passion est agréable à la belle Lucile, je suis le plus heureux des hommes. Je ne veux devoir sa main qu'à ma tendresse, c'est ce qui m'oblige à me cacher. Mon pere sera charmé qu'en revenant d'Italie couvert de gloire, à deux lieues de Lyon, j'aie fait une conquête si digne de mon cœur.

LISETTE.

Encore une fois sortez.

LUCAS.

Que le-zamoureux sont tenacés !

DORANTE.

Adieu ; je viens d'arrêter des Chanteurs, ils préparent une fête pour ce soir.

LISETTE.

Une fête ! Que vous sçavez bien la façon de vous insinuer dans le cœur d'une fille !

LUCAS.

Tatigué, que j'aurons de plaisir !

DORANTE.

Songez tous deux que votre fortune est faite, si....

LUCAS *tendant la main*.

Morgué j'y comptons bian.

Dorante tire sa bourse.

LISETTE.

J'entends quelqu'un.

LUCAS.

C'eſt notre vieille maîtreſſe.

LISETTE.

Ciel ! Monſieur Mondor la ſuit.

LUCAS *prenant la bourſe & ſortant avec Dorante.*

Et vîte, vîte, fuyais.

LISETTE *examinant M. & Madame Mondor.*

Ils me paroiſſent en converſation ſérieuſe, écoutons un moment.

SCENE TROISIEME.

M. MONDOR, MADAME MONDOR, LISETTE *écoutant.*

M. MONDOR.

Oui, Madame, Lucile eſt en âge d'être pourvue.

MADAME MONDOR.

C'eſt à ce deſſein-là, Monſieur, que je l'ai fait ſortir du Couvent.

M. MONDOR.

Toujours de la ſimpathie entre nous, ma chere petite vieille.

MADAME MONDOR.

Nous pouvons la pourvoir avantageuſement, & lui donner une dot conſidérable.

M. MONDOR.

Aſſurément. Depuis plus de quarante ans que nous ſommes enſemble, j'ai beaucoup augmenté notre fortune.

DE' PLACE'S.

MADAME MONDOR *se fâchant.*

Mon œconomie n'y a pas mal contribué.

M. MONDOR.

Ne vous emportez point, m'amour, parlons d'autre chose. Apprenez sur qui j'ai jetté les yeux pour en faire notre gendre.

MADAME MONDOR.

N'en prenez pas la peine, ce soin me regarde; mon choix est fait.

LISETTE *à part.*

Je ne m'attendois pas à ce coup-là.

M. MONDOR.

Je pense que c'est moi qui dois lui choisir un époux, & celui que je lui destine c'est notre ami M. Dorimon.

MADAME MONDOR.

Calmez-vous, mon poulet, c'est à lui que je l'ai promise. Mais ils sont deux freres, auquel comptez-vous la donner ?

M. MONDOR.

Au plus digne, à l'Elu.

MADAME MONDOR.

Oh! moi je la donne au Marquis; c'est un garçon riche, galant, spirituel, je ne lui connois qu'un petit défaut, c'est d'être un peu trop prévenu en sa faveur.

M. MONDOR.

L'Elu sera mon gendre; il n'est point fou comme votre Marquis; de plus je le regarde comme garçon ; car il ne reçoit point de nouvelles de son fils qui sert en Italie. Il est vrai qu'on prendroit l'Elu pour un bénét ; mais je l'estime : vive les gens de robe, les richesses leur viennent en dormant.

MADAME MONDOR.

Les gens de guerre sont fort au dessus ; s'ils gagnent du bien c'est en veillant toujours. Le Marquis a ma parole, il aura ma fille. Je suis surprise qu'il ne soit pas arrivé.

M. MONDOR.

J'attends l'Elu, c'est lui qui l'emportera.

MADAME MONDOR.

Tarare.

LISETTE.

Tarare à mon tour. Vous ne sçavez tous deux ce que vous faites ; c'est moi qui veut marier Mademoiselle votre fille : elle est jeune, aimable, il lui faut un époux beau, bienfait, alerte, raisonnable ; en un mot, un homme qui lui plaise. Je veux qu'elle soit sage & contente dans son ménage ; pourroit-elle l'être avec un vieux petit-maître, ou avec un Elu suranné, qui ne feroit auprès d'elle que ce qu'il fait à l'Audiance ?

M. MONDOR.

Ma mie, il y a long-tems que j'ai envie de réprimer vos impertinences.

MADAME MONDOR.

Vos façons d'agir commencent à m'être fort à charge.

LISETTE.

Fâchez-vous tant qu'il vous plaira, je ne souffrirai point que vous fassiez des choses contre le bon sens.

M. MONDOR.

Nous vous donnerons votre congé.

LISETTE.

Vous m'en menacez ; je l'accepte : adieu.

MADAME MONDOR.

Ne la renvoyons pas, elle a du bon.

M. MONDOR.

Vous avez raison ; son affection pour nous veut que nous lui passions quelque chose.

MADAME MONDOR.

Oui, mon fils ; car à notre âge nous avons besoin auprès de nous de quelqu'un qui connoisse notre tempéramment.

M. MONDOR.

Rappellez-la.

MADAME MONDOR.

Lisette ?

LISETTE.

Plaît-il, Madame ?

MADAME MONDOR.

Venez-çà. Nous vous gardons, mais c'est à condition que vous ne vous mêlerez plus de nos affaires.

LISETTE.

Je ne resterois qu'à condition du contraire.

M. MONDOR.

Lisette, vous.... Rentrons, ma poule, elle nous échauferoit la bile.

SCENE QUATRIEME.

LISETTE seule.

ME voila rentrée en grace, mais je suis fort embarassée ; ces gens-ci voudront l'emporter. Dorante sera la dupe des promesses que je lui ai faites ? Non. Il ne sera pas dit que Lisettte aura cédé. Armons-nous de courage ; n'abandonnons point Lucile, c'est une fille qui mérite d'être heureuse ; la voici.

SCENE CINQUIEME.

LUCILE, LUCAS, LISETTE.

LUCAS.

OUi, Mameselle, j'ois queuque chose à vous apprendre qui vous rendra bian aise. Vous commençais à m'acouter. Tatigué ! La douce nouvelle que j'allons vous dégoiser !

LUCILE.

Hé bien ? Qu'est-ce, Lucas ? Parlé donc.

LUCAS.

Un gaillard bian torné, qu'an nomme un amoureux, perd l'esprit en votre faveur.

LISETTE.

Ah! Lucas, il y a bien d'autres nouvelles. Que je vous plains, ma chere maitresse! Vous allez devenir la femme d'un époux ridicule; M. & Madame Mondor s'acccordent fur ce point, ils ne font en difpute que fur la préférence.

LUCAS.

Queuille trahifon! Oh! Pargué, la parférence eft pour ftilà que j'avons à vous bailler! Dame! c'eft du nanan; demandais à Lifette, j'ons tous deux commiffion de vous en marmoter queuques paroles.

LISETTE.

Oui, Mademoifelle, vous êtes adorée d'un Cavalier tout charmant, & je me fuis chargée de vous faire agréer fa refpectueufe paffion.

LUCILE.

Vous êtes bien hardie, Lifette, de me faire une pareille propofition. Apprenez que ce feroit à mes parens à difpofer de mon cœur.

LISETTE.

De la main paffe; le cœur n'eft pas de leur compétence.

LUCILE.

Non; puifque le mien s'eft donné fans leur aveu.

LUCAS.

Adieu notre forteune.

LISETTE.

Mon étonnement est extrême! quoi! depuis huit jours que vous êtes sortie du Couvent, vous avez toujours été renfermée dans cette campagne, vous n'y avez vû que vos parens ou vos domestiques, & votre cœur n'est plus à vous ?

LUCAS.

Bon! Mameselle aura fait queuque songe.

LUCILE.

L'aimable illusion, si c'en est une! je soupire sans cesse, je sens de douces émotions; mille idées charmantes remplissent mon esprit, mon ame est toujours agitée, & rien n'est si agréable que son agitation. Je m'imagine, Lisette, que tout cela ne peut être que l'effet d'une passion naissante.

LUCAS.

Pargué, vous rêvais bian farme.

LISETTE

Une passion naissante! *à part.* S'aviseroit-elle d'aimer Lucas? *Haut.* Daignez m'éclaircir ce mystere.

LUCAS *à part.*

Je sommes assez biau garçon; peut-être....

LUCILE.

Ma vûe s'est fixée sur le jeune homme le plus aimable; ses yeux, en dépit de moi-même, ont enlevé mon cœur.

LISETTE *à part.*

C'est Lucas.

DEPLACE'S.
LUCILE.

Il ignore mon amour ; mais il m'a fait comprendre le sien par des regards si touchans, que je ne dois point douter de la violence de ses feux.

LUCAS *à part*.

J'ons toujours les yeux sur alle ; c'est pour nous qu'alle en tiant.

LISETTE.

Faites-moi du moins le portrait de votre amant.

LUCILE.

Il a la taille de Lucas.

LUCAS *à part*.

Alle m'adore. *haut*. Mamesfelle, nommais-nous le fortuné mortel qui vous inspire tant d'amour ; morgué, je n'en serons pas ingrat, je sçaurons nous taire.

LISETTE *à part*.

L'aimeroit-il aussi ?

LUCILE.

Comment le nommerois-je ? Hier pour la premiere fois je le vis se promener autour de notre maison, je l'ai revû ce matin ; c'est tout ce que je puis t'en apprendre.

LISETTE *à part*.

Je respire.

LUCAS *à part*.

Que me vla camus !

LISETTE.

Vous aimez Dorante, celui de qui nous avions à vous parler.

LUCILE.

Quoi, ma chere Lisette, je serois assez heureuse pour avoir le cœur prévenu pour celui qui te presse de m'instruire de ses feux !

LUCAS.

Il vous aime comme un pardu ; mais ce n'est pas tout, il faut bailler un croc-en-jambe à nos autres amoureux.

LUCILE.

Comment s'y prendre ?

LUCAS.

Ça n'est pas mal aisé ; dites-leur que si l'un d'eux est assez osé pour vous épouser maugré vous, que vous ly ferez var biau jeu ; que vous ferez ceci d'un côté, que vous ferez ça de l'autre ; que vous dépenserez par cy, que vous aurez des amans par-là ; bref mentez-leur biaucoup, en attendant que vous pissiais rendre tout ça vrai.

LISETTE.

J'imagine un sûr moyen.

LUCAS.

Chut, j'avise Monsieur Dorante. *à Dorante.* Je fais tout votre bian-aise ; moi, je vas faire le guet de peur de surprinze.

Il sort.

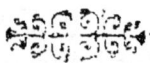

SCÈNE SIXIEME.

DORANTE, LUCILE, LISETTE.

LUCILE *bas à Lisette.*

AH, Lisette! pourrai-je cacher mon trouble?

DORANTE.

Madame, je ne serois pas excusable de m'offrir à vos yeux, sans avoir l'honneur d'être connu de vous, si je n'y étois amené par l'estime la plus parfaite, & l'amour le plus tendre.

LISETTE.

En faveur de vos sentimens, on excuse votre témérité.

DORANTE.

Hier, Madame, dès que mes regards eurent rencontré les vôtres, de si charmans transports s'emparerent de mon ame, que mon cœur fut aussi-tôt plus à vous qu'à moi-même.

LISETTE.

On vous apperçut, on remarqua votre trouble; il en causa; vous n'êtes point à plaindre.

DORANTE.

Daignez, Madame, confirmer le bonheur dont me flatte Lisette; un mot de votre belle bouche, va me rendre le plus heureux des mortels.

LUCILE.

Monsieur, je ne suis point faite au langage des

amans; quand même je l'entendrois, mon devoir me défend d'y répondre: cependant je vous écoute, je laisse parler Lisette, & mon cœur......

SCENE SEPTIEME.

M. MONDOR, MADAME MONDOR, DORANTE, LUCILE, LISETTE, LUCAS.

Lucas.

Tout est pardu! veci Monsieu & Madame Mondor. *Il sort.*

LISETTE *à Dorante & Lucile.*

Ne paroissez point embarrassés, je vous tirerai de ce pas-ci.

M. Mondor.

Que demande Monsieur?

LISETTE *bas à Monsieur & Madame Mondor.*

Faites lui des politesses; c'est un homme d'importance. *Haut.* M. est Philosophe, Poëte, Musicien, Robin, Officier, Médecin, petit Maître; il est tour à tour poli, grossier, galant, brutal, spirituel, sot, amusant, ennuyeux, doux, grondeur, généreux, ingrat, magnifique, avare, vertueux, débauché, Ecolier, Précepteur, pere, fils, maître, valet, &c.

M. Mondor.

Quel diable d'homme est-ce donc là?

Lisette.

Un Comédien. On l'envoye vous donner une

fête ; vous devinez de quelle part.

MADAME MONDOR.

C'est de celle du Marquis ; cela n'est point douteux.

M. MONDOR.

Non, non, Madame, c'est de celle de l'Elu. *A Dorante.* En quoi consistera votre divertissement ?

DORANTE.

En danses, en chants. *A Lisette.* Tu as de l'esprit.

MADAME MONDOR.

Je voudrois quelque morceau tragique, j'ai du plaisir à pleurer.

M. MONDOR.

Oui : vive la Tragédie ! on y fait ronfler les vers, les Acteurs ouvrent de grands bras, ils roulent les yeux, ils crient comme des possedez ; c'est-là ma fureur.

DORANTE.

Il m'est impossible, Monsieur, de vous contenter : je n'ai amené que des Danseurs, des Chanteurs, & des Simphonistes.

LISETTE.

On ne vous demande que quelques lambeaux.

MADAME MONDOR.

Faites comme vous l'entendrez, mais je veux du tragique.

M. MONDOR.

J'en veux aussi.

LES ACTEURS

DORANTE à Lisette.

Quel embarras!

LISETTE bas à Dorante.

Voulez-vous les contredire? c'est la premiere fois que je les vois d'accord. *Haut.* Donnez-nous l'enlevement d'Helene; c'est une petite Tragédie en cinq Scenes, il ne faut que trois Acteurs pour la représenter; d'ailleurs on vous passera bien des choses en faveur de l'impromptu.

DORANTE bas à Lisette.

Y pense-tu?

LISETTE bas.

Vous devez connoitre cette Piéce.

DORANTE bas.

Oui, mais....

LISETTE haut.

Chargez-vous du rôle de Menelas.

DORANTE.

Je n'ai point d'habit convenable, sans cela...

M. MONDOR.

Je vous en promets un; j'ai encore celui qui me servis jadis à représenter Samson dans la Tragédie de mon College, *à Madame Mondor*, je n'avois que quinze ans alors.

MADAME MONDOR à Dorante.

Vous ne pouvez plus reculer.

LISETTE.

Allez vous préparer.

SCENE HUITIEME.

M. MONDOR, MADAME MONDOR, LUCILE, LISETTE.

M. MONDOR.

Monsieur l'Elu veut nous prouver qu'il est encore galant.

MADAME MONDOR.

Quelle erreur ! cela ne peut venir que du Marquis.

LISETTE.

Pour terminer le différend, accordez Mademoiselle à celui qui donne le Cadeau.

M. MONDOR.

Je le veux bien ; *à part.* Elle en sera la dupe.

MADAME MONDOR.

J'y consens. *à part.* Qu'il est aveuglé ! *à Lucile.* Le Marquis triomphera, préparez-vous, petite fille à le bien recevoir.

LUCILE.

Vous serez contente.

M. MONDOR *à Lucile.*

Vous épouserez l'Elu, songez que je le veux.

LUCILE.

Puisque je dois appartenir à celui qui donne fête, soyez sûr de mon obéissance.

M. MONDOR.

Fort bien.

MADAME MONDOR.

L'évenement fera voir qui se trompe de nous deux.

M. MONDOR.

C'est bien dit, rentrons, ma poule, allons nous repofer en attendant le divertiffement.

SCENE NEUVIEME.

LUCILE, LISETTE, LUCAS.

LUCAS.

Vecy venir un homme bian vêtu, qui m'a l'air d'être un de vos époufeux.

LISETTE *mettant son tablier à Lucile.*

C'eſt apparemment le Marquis, il ne vous connoit pas?

LUCILE.

Non. Mais comment l'éconduire?

LISETTE.

Laiſſez-moi faire. Vous êtes une novice fans expérience; mettez mon tablier, je paſſerai pour vous.

LUCAS.

Queulle manigance.

LUCILE.

Fais ce que tu voudras, je conſens à tout.

LISETTE.

Vous voilà ma suivante. Lisette ? un miroir ? je suis bien mal coeffée aujourd'hui. Racommodez ce ruban, vous ôtez mon rouge, vous me piquez : que vous êtes gauche ! il faut que je fasse tout moi-même. Lucas, vas travailler à ton jardin.

LUCAS.

Nennin, morgué, je resterons : vous avais biau faire la maîtresse, vous êtes toujours Lisette. L'original approche ; je voulons voir notre Comédie.

SCENE DIXIEME.

LE MARQUIS, LUCILE, LISETTE, LUCAS.

LE MARQUIS à Lisette.

LA brillante personne ! quels yeux vifs ! je ne comptois trouver qu'une figure bourgeoise, & je vois un air charmant, des graces, des manieres : parbleu ! je suis homme à bonnes fortunes jusques dans le mariage.

LUCAS.

Il contrefait à marveille le jeune homme.

LUCILE.

Vous êtes Monsieur le Marquis ?

LE MARQUIS.

Oui, mon enfant. Tu es gentile.

LUCILE.

Vos façons nobles & galantes m'ont fait vous deviner d'abord.

LE MARQUIS *tirant sa bourse.*

Tu m'as deviné, friponne ! je dois récompenser ta pénétration, j'aime les soubrettes qu'on peut soupçonner d'avoir de l'esprit.

LUCAS.

J'ons itou queuque bon sens : drès qu'on vous a nommé, zeste, j'ons deviné que vous étiez Monsieu le Marquis.

LE MARQUIS *à Lucas.*

Pour un Paysan tu as une assez jolie physionomie. *A Lisette.* Pardon, Madame, si je me suis distrait un moment du soin de vous admirer. Que vous m'annoncez de félicité ! je sens couler dans mon cœur le doux poison de l'amour. *Lisette fait des révérences.* Tout en vous m'enchante ; mais j'ai un scrupule, c'est de vous épouser ; vous méritez d'être adorée.

LISETTE.

En vérité, Marquis, vos airs de cour, vos façons aisées, & ces jolis riens, que vous débitez si galamment, me divertissent. Vous comptiez ne trouver en moi qu'une simple bourgeoise, qu'une agnès ; vous trouvez une fille qui joint de l'esprit à des charmes. Votre opinion gagne beaucoup à tout cela. Je suis fort du goût d'être adorée ; vous m'en trouvez digne : hé bien, un hommage ne peut me déplaire ; je vous reçois au nombre de mes adorateurs.

DE' PLACE'S.

LE MARQUIS.

Cet avantage me flatte infiniment.

LUCAS à Lisette.

V'ecy l'autre épouseux ; je sommes pardus.

LE MARQUIS à part.

Quel sujet amene ici mon frere ? éloignons-nous un peu pour l'apprendre.

LISETTE à part.

J'ai besoin de tout mon esprit ; je forme un projet. *à Lucile.* Ecoutez. *elle lui parle bas.*

LUCILE.

Laisse-moi faire, je vais te seconder.

SCENE ONZIEME.

L'ELU & *les Acteurs précédens.*

L'ELU.

Laquelle de vous deux est Mademoiselle Lucile, que je lui fasse la révérence ?

LUCAS.

Qu'il a l'air & le ton gniais !

LISETTE.

C'est moi, Monsieur, peut-on s'y méprendre ? *à Lucile.* Lisette, vas promptement où tu sçais. *Lucile sort.*

L'ELU.

Oh ! Je me doutois bien que c'étoit vous ; mais je voulois en être assuré par votre jolie bouche. Sans doute que vous ne me connoissez pas, puisque vous ne m'avez jamais vû. Je me nomme Monsieur Dorimon, Ecuyer, revêtu de l'honorable charge d'Elu. *appercevant le Marquis.* Oh! oh! N'est-ce pas là mon frere? eh! oui: que faites-vous céans?

LISETTE.

Cela se devine sans peine : Monsieur vient pour m'épouser.

L'ELU.

Pour vous épouser!

LE MARQUIS.

Quoi, mon frere, cela vous étonne!

L'ELU.

Oui, vraiment; car, ne vous déplaise, je viens aussi pour épouser Mademoiselle ; nous voilà deux : comment ferons-nous ?

LUCAS.

Pargué, Messieurs, tirés à la courte paille.

LE MARQUIS.

Je ne crois pas que vous osiez tenter de le disputer au Marquis de Bois-sec.

L'ELU.

Oh! ne vous flattez pas de l'emporter sur le le doyen des Elus de Beaujeu; je suis votre cadet, mon frere, mais ce n'est pas en mérite.

LUCAS.

Eh! morguene, Méssieus, point de brit; ça ne seroit point bian que deux freres s'entremangissions le blanc des œuils.

L'Elu à *Lisette*.

Tel que vous me voyez, je suis un bon parti, je n'ai qu'un fils qui sert en Italie, & comme depuis long-tems il ne m'a point donné de ses nouvelles, je crains d'apprendre sa mort : que sa perte me coûteroit de pleurs !

Lucas.

Je pense qu'ous devez faire bian rire quand vous pleurez.

Le Marquis à *Lisette*.

Moi, je suis garçon, & comme l'aîné de la famille, je suis encore plus riche que mon frere. Confidérez-moi bien : je joins au teint fleuri d'un Abbé la santé d'un jeune Mousquetaire. Jusqu'ici l'on m'a vû leger comme un papillon changer tous les jours d'objet ; mais je veux être fixe, & je compte que vous aurez cette gloire-là.

Lucas.

Je serions bian partagés ; vla un biau marle.

Lisette *au Marquis*.

Je suis fort aise de vous voir dans ces sentimens-là.

L'Elu.

Ma charge vous rendra la premiere Dame du lieu.

Lucas.

Et sa femme le rendra le plus huppé.

L'Elu.

Quand vous m'appartiendrez, je vous suivrai partout, je ferai l'ombre d'un si beau soleil.

LISETTE.

Que vous me donnez d'empressement de porter le glorieux nom de Madame l'Elue ! Je crois que nous vivrons bien ensemble. Je vous avertis que je ne serai point de ces femmes dociles par tempéramment, qui fuyent les plaisirs par régime, de ces indolentes statues qui ne sortent point de chez elles & craignent le froid & le chaud ; je suis la vivacité même ; je ne puis rester en place. Je veux aller, venir, recevoir grand monde, tenir table ouverte. Vous aurez soin qu'elle soit tous les jours servie des mets les plus délicats, & jamais deux fois la même chose ; l'uniformité me feroit mourir. Nous jouerons, nous danserons, nous rirons, nous chasserons, nous concerterons. Oh ! je ferai déguerpir votre humeur taciturne, je vous en réponds. Réveillez-vous, allons, allons, de la joye.

LUCAS.

Queulle babilleuse !

L'ELU.

Pour de la joye vous en aurez avec moi ; l'on s'étouffe de rire dès qu'on me regarde : on est fou de moi par tout.

LISETTE.

Je le crois, & vous, Monsieur le Marquis ?

LE MARQUIS.

Votre caractére m'enchante ; je suis comme vous l'ennemi juré de la solitude ; le grand monde
est

est mon élément. Quand votre bien, que je crois considérable, sera joint à mes revenus, nous ferons la plus belle figure de notre Province. Décidez entre mon frere & moi ; je pense que vous ne balancerez pas à me donner la preférence.

LUCAS.

Le moïan de balancer entre vous deux.

L'ELU à *Lisette*.

Oui, oui; décidez, décidez : je suis sûr que je vous plais moi.

LISETTE.

Vous me plaisez tous deux beaucoup. Un autre peut-être vous diroit que vous ne lui convenez pas. *à l'Elu*. Vous, parce que vous avez l'air niais. *au Marquis*. Vous, parce que vous êtes déja suranné ; mais tout cela, Messieurs, vous rend charmans à mes yeux. *à l'Elu*. On fait ce qu'on veut d'un mari comme vous.

LE MARQUIS *rit en regardant l'Elu*.

Hé, hé hé, hé.

LISETTE *au Marquis*.

Et un époux bien avancé dans sa carriere ne fait pas languir une jeune femme, elle est bientôt veuve.

L'ELU *rit en regardant le Marquis*.

Hi, hi, hi, hi.

LUCAS *riant*.

La bonne botte qu'alle viant de leur pousser ! ho, ho, ho, ho. *Lucile revient*.

E

Lucile à Lisette.

Madame, on vous demande.

Lisette.

Que me veut-on ? *Lucile lui parle bas.* Parlez haut, je n'ai rien de caché pour ces Messieurs.

Lucile.

C'est ce Lapidaire à qui vous devez dix mille francs à l'insçu de M. & Madame Mondor.

L'Elu à part.

Dix mille francs !

Le Marquis à part.

Diable !

Lisette.

Il est bien exact, son billet n'est échu que de ce matin.

Lucile.

Votre Marchand d'étoffes est aussi là.

L'Elu à part.

Quelle dépensiere ! Elle me ruineroit en moins d'un an.

Lisette.

Qu'ils attendent, je n'ai point d'argent.

Le Marquis à part.

Elle est née pour être femme de condition.

Lucile.

Ils disent qu'ils ne s'en iront point qu'ils ne soient payés.

D'EPLACES.

LISETTE.

Dis-leur que je me marie demain, & qu'ils peuvent revenir dans deux jours.

LE MARQUIS à part.

Peste!

L'ELU à part.

J'aimerois autant aller prendre femme à Paris.

LUCILE.

Voici deux Lettres qu'on vient de recevoir pour vous.

LISETTE.

Celle-ci est de la Présidente. Elle me demande sans doute les deux cens Louis qu'elle me gagna hier sur ma parole : elle est bien persécutante. Cette autre est de la Comtesse. Messieurs, permettez-moi de la lire. *Elle lit.* » Je donne ce soir à souper, je t'y in-
» vite, ma chere bonne ; la compagnie t'amusera.
» Cinq ou six de nos soupirans doivent s'y rendre.
» Au sortir de table nous irons au Bal chez la Mar-
» quise. On compte sur toi ; ne te fais point atten-
» dre. « *Au Marquis & à l'Elu.* Je me flatte, Messieurs, que vous me donnerez la main, & que nous ne nous quitterons pas de la nuit.

LE MARQUIS.

Je le souhaiterois, Madame, mais j'ai compagnie chez moi.

LES ACTEURS

L'ELU.

Le dû de ma Charge ne me permet pas d'avoir cet honneur. Il faut que demain je siége dès sept heures du matin.

LISETTE.

En sortant du Bal on vous y conduira.

LE MARQUIS.

Madame, je suis votre très-humble serviteur. *à part*. Quelle commere ! je m'en tiens aux bonnes fortunes.

L'ELU.

Adieu, Madame. *à part*. Je ne crois pas qu'on m'y ratrape. Quelle dégourdie !

LUCAS.

Quand vous revarrons-je, mes gentils-hommes?

LE MARQUIS ET L'ELU *s'en allant*.

Nos baise-mains à Monsieur & Madame Mondor.

SCENE DOUZIEME.

LUCILE, LISETTE, LUCAS.

LISETTE.

Nous en voilà débarrassés. Hé bien, Mademoiselle, êtes-vous contente de moi ?

LUCILE.

Tu es une fille impayable. Mais je ne suis pas sans inquiétude : je crains la colere de mon pere & de ma mere.

LUCAS.
Rassurez-vous. Vous êtes sous notre protection.
LISETTE.
Je vais m'informer de ce qui se passe, & voir si Dorante est prêt.
LUCAS.
Allez. Jarnonbille, vecy Monsieu & Madame Mondor qui accourent.
LUCILE.
Ah! je frémis.

SCENE TREIZIEME.
M. MONDOR, MADAME MONDOR, LUCILE, LUCAS.

MADAME MONDOR.
Comment avez-vous donc reçû ces Messieurs, petite fille?
M. MONDOR.
Il faut que vous les ayez mécontentés; ils s'en vont sans nous dire adieu.
LUCAS.
Ils avons tort; Mameselle Lisette & moi, j'avons fait de notre mieux pour les bian recevoir.
LUCILE.
Je leur ai parlé suivant les sentimens de mon cœur.

MADAME MONDOR.
Ce sont les miens qu'il faut suivre.
M. MONDOR.
C'est à moi que vous devez obéir.
LUCILE.
Je ne puis vous satisfaire tous deux.
MADAME MONDOR.
Comment, petite sotte, vous raisonnez ?
M. MONDOR.
Vous osez me contredire, petite ridicule.
LUCAS.
Morgué, pour de vieilles gens, vous avez encore de bonnes poitraines.

SCENE QUATORZIEME.

LISETTE, *les Acteurs précédens.*

LISETTE.

Quel vacarme ! on vous entend du Village. *bas à Lucas.* Amuse-les un moment, j'ai deux mots à dire à Lucile.

LUCAS.
Place, place, vla nos Tragédiens qui venont.
LISETTE *bas à Lucile.*
Nos vieillards sçavent que nous les avons joués.
LUCILE.
Ah ! que m'apprens-tu ?
LUCAS.
Que ces habits de Masqueleux vont bian !

SCENE QUINZIEME.

MENELAS, *ou Dorante.* DORIS, *& les Acteurs précédens assis.* GARDES.

DORIS.

Quoi ! tandis que chacun s'abandonne aux plaisirs,
Que tout semble en ces lieux prévenir vos désirs,
Vous soupirez, Seigneur ? une tristesse extrême,
Ternit sur votre front l'éclat du Diadême.
Quelle sombre vapeur vous offusque aujourd'hui ?
Doit-on voir Menelas, victime de l'ennui,
Les genoux tremblotans, les yeux baignés de larmes,
La main sur le visage, & le cœur plein d'allarmes ?

MENELAS, *dans l'attitude où il vient d'être peint.*

Helas !

DORIS.
Ne tardez plus à m'ouvrir votre cœur.

MENELAS.
Daignez, ô justes Dieux ! détourner ce malheur.

DORIS.
Quel malheur ? Tout ici seconde votre envie.
Dans votre heureuse Cour le Prince de Phrygie,
Pâris, mene avec lui les plaisirs & les jeux,

LES ACTEURS

Tous les jours sont marqués par ses soins géné-
reux.
Aujourd'hui même encor vous sçavez qu'une
fête
Dans les Vaisseaux Troyens par son ordre s'ap-
prête :
La Reine votre épouse & sa mere Leda
Y doivent assister.

MENELAS.

Ciel ! que me dis-tu là ?
C'est tout ce que je crains.

DORIS.

Eh ! calmez votre peine.

MENELAS.

Ecoute, & tu verras si ma frayeur est vaine.
Tu sçais que quelquefois, las des soins de la Cour,
J'aime à me dérober à l'éclat du grand jour.

DORIS.

Je le sçais.

MENELAS.

Ce matin, dans la Forêt prochaine,
Je tenois en rêvant, une route incertaine,
Lorsqu'un Cerf en fureur venant fondre sur moi
Pour la premiere fois m'a fait sentir l'effroi.
J'ai frémi. Mais bientôt, rappellant mon courage,
J'ai saisi par le front cet animal sauvage.
Je frape ; il se débat ; long-tems entre nous deux
La victoire balance, & le sort est douteux.
Il m'attaque trois fois, trois fois je le repousse,

DÉPLACÉS.

Le sang coule à longs flots sur l'herbe & sur la mousse.
Enfin par mes efforts, prêt d'être culbuté,
Le Cerf a pris la fuite, & son bois m'est resté.

DORIS.

Quoi ! Vous vous arrétez à ce foible présage !
Que la raison chez vous reprenne son usage,
Seigneur. De vains soupçons votre cœur combattu
D'Helene sans sujet attaque la vertu.
Tant d'attraits, dont le ciel vous combla sans mesure,
Ce teint vif & brillant, cette aimable figure,
Cette taille charmante, & cet air enchanteur,
Vous rendent pour jamais le maître de son cœur.

MENELAS.

Je l'avouerai, Doris ; oui, sans que je me flatte
Certain air de grandeur dans ma personne éclate;
Le Ciel me fut propice, & les Dieux bienfaisans
Prodiguerent chez moi leurs plus rares présens :
Mais de ton sexe enfin tu connois le caprice,
Au mérite souvent-il ne rend pas justice.
Pâris ! à ce nom seul mon cœur frémit d'effroi,
Pâris s'est par les yeux expliqué devant moi ;
J'ai surpris ses regards attachés sur ma femme.
Doris, pour appaiser le trouble de mon ame,
Vas, cours, dis à Leda qu'elle se garde bien
D'aller avec Helene aux Vaisseaux du Troyen.

SCENE SEIZIEME.

MENELAS *seul*.

J'Aurois mieux fait, je crois, de prendre cette peine.
Mais il est à propos qu'en Héros de la Scene,
Dans un court monologue exhalant mon dépit,
J'attende dans ce lieu qu'on me fasse un récit.
Ainsi pour quelque tems parlons nous à nous-même.
Insensé Menelas, quelle folie extrême
De te persuader, sur un vain incident,
Que ton honneur doit craindre un péril évident !
Mais, quoi ! dans ce moment par un effet étrange,
Ma tête devient lourde, & le front me demange,
Je ne puis plus douter du malheur que je crains,
Tu m'en donnes, O Ciel ! des signes trop certains.

SCENE DIX-SEPTIEME.

MENELAS, DORIS.

MENELAS.

Quoi ! déja de retour ! Doris, qu'elle nouvelle ?

DORIS.

Qu'elle est terrible, helas ! votre épouse fidelle
Dans les bras du Troyen.........

MENELAS.
Quoi ! ma femme auroit pû ?....

DORIS.
Oui, Seigneur, & Pâris vous a fait....

MENELAS.
Que dis-tu ?

DORIS.
Je ne puis achever ce récit trop funeste.....
Mais j'apperçois Leda qui vous dira le reste.

SCENE DIX-HUITIE'ME.
LEDA, MENELAS, DORIS.

MENELAS.
O ! noirs pressentimens ! malheur trop averez ?
Ah ! Leda, qu'avez-vous ? Sur quel ton vous pleurez !

LEDA.
Jugez à ce mouchoir tout trempé de mes larmes
Du triste événement qui cause mes allarmes
L'avez-vous pû souffrir, ô Dieux ! ô justes Dieux ?
Ecoutez, en voici le détail odieux.
Le Soleil......

MENELAS.
Attendez un peu que je m'ajuste,
Car il faut que je sois dans l'attitude auguste
D'un Monarque attentif. M'y voilà. Commencez.

LEDA.
Le Soleil conduisoit ses chevaux harrassez

Dans le sein de Thetis. La nuit avec ses voiles
Descendoit dans un char environné d'étoiles,
Quand votre épouse & moi, conduites par l'espoir
D'assister à des jeux qu'on nous pressoit de voir,
Nous allâmes au Port. Quelle image riante!
Quel spectacle flateur nous ravit, nous enchante!
Pâris d'un air galant vient au-devant de nous:
Belle Reine, dit-il, cette fête est pour vous.
Venez sur mes Vaisseaux; l'Amour & la Victoire
D'un triomphe éclatant vous promettent la gloire.
Sans craintes, sans soupçons, nous y portons nos pas,
Ma fille la premiere y monte; mais helas!
Lorsque je veux la suivre, une main criminelle
M'arrête brusquement & me sépare d'elle.
Helene toute en pleurs dans les bras de Pâris
s'agite, se débat, remplit l'air de ses cris.

MENELAS

Qu'entens-je? juste ciel! continuez, Madame.

LEDA.

Une seconde fois pour sauver votre femme,
Je cherche à la rejoindre. Inutiles efforts?
Un barbare Troyen me prenant par le corps,
Me rejette à vingt pas. De ma Simare bleue
L'insolent sans respect a déchiré la queue.
Ma fille cependant veut fuir, on la saisit;
Elle crie, on est sourd; elle pleure, on en rit.
Sa force l'abandonne, elle tombe abbattue,
Son ravisseur l'enleve, & je la perds de vue.

DÉPLACÉS.

Enfin pour le départ le signal est donné.
Déja loin de la rive, aux vents abandonné
Le Vaisseau fend les flots, & le Prince de Troye
A la honte des Dieux y transporte sa proye.

MENELAS.

Je n'ai donc plus d'épouse ! un perfide ennemi
Possede en liberté le bien qu'il m'a ravi !
Tandis que pénétré d'une mortelle peine,
Je forme vainement des regrets pour Helene,
Pâris est à ses pieds ; le traitre, le bourreau,
Est maitre.... sur mes yeux, Dieux ! mettez un
bandeau.

LEDA.

Je sens de mon côté pareille inquiétude.

MENELAS.

Peut-on à cet excès pousser l'ingratitude ?
Depuis l'instant fatal que tu vins à ma Cour
Pour toi ma complaisance a paru chaque jour,
Mille égards t'ont prouvé mon amitié sincére,
Pâris ! ingrat Pâris ! en voilà le salaire.

LEDA.

N'en soyez point surpris : de ces retours piquans
La nature produit des exemples fréquens.
L'enfant devenu fort, mord le sein qui l'alaitte ;
Le ver ronge le bois qui lui sert de retraite,
Le hiere & la pampre étouffent leur appui ;
C'est-là le vrai portrait des hommes d'aujourd'hui.

MENELAS.

Encor si dans l'affront qui cause mon supplice,
Le Prince des Troyens n'avoit point de complice ;

Je pourrois à la fin rallentir mon couroux;
Mais, helas! le dirai-je? Oui, Madame, entre nous,
J'ai certaine frayeur, un noir foupçon m'agite.

LEDA.

Ce difcours, Menelas, rend mon ame interdite.

MENELAS.

Si je puis vous parler avec fincérité.
J'entrevois un complot, le coup fut concerté.

LEDA.

Seigneur, vous concevez un ridicule ombrage;
Ma fille fut toujours & vertueufe & fage.

MENELAS.

Comme vous, n'eft-ce pas?

LEDA.

      Par vos foupçons jaloux
Vous m'accufez à tort.

MENELAS.

      Eh! Leda, taifez-vous.
On fçait que Jupiter fous la forme d'un Cigne....

LEDA.

Que me reprochez-vous? C'eft vous, époux indigne,
Qui, malgré vos fermens, tant de fois répétés,
Pour elle n'eûtes pas les égards mérités.
Si ma fille & Pâris furent d'intelligence,
Vous devez votre honte à votre indifférence.
D'un tendre & doux objet, impérieux Tyran,
Vous êtes de vos maux vous-même l'artifan.

Non, non, n'imputez point à d'autres cet outrage,
De vos brusques humeurs c'est le funeste ouvrage,
Falloit-il, oubliant ce qu'on doit à l'amour,
Avec cette Colombe en agir en Vautour ?

Pour cette belle fleur, digne d'être adorée,
Que n'étiez-vous Zéphire au lieu d'être Borée.
Voilà, traîtres époux, comme vous êtes faits,
Vous prêchez la douceur sans l'employer jamais,
Vous voulez être aimés sans devenir aimables,
Qu'on soit ange avec vous, quand vous êtes des diables.

Perfide ! Sur vous-même ouvrez enfin les yeux,
Connoissez....

MENELAS à part.

Le débat deviendroit sérieux,
J'ai la colere prompte, elle a l'humeur hautaine.

Aux Gardes.

Dans son appartement, Gardes, menez la Reine.

SCENE DIX-NEUVIEME.

MENELAS, seul.

Que faire dans le trouble où je sens mes esprits ?
La vengeance à la main poursuivrai-je Pâris ?
Faut-il couvrir les Mers d'une Flotte nombreuse,
Interesser vingt Rois dans une guerre affreuse ?
Irai-je avec Ajax, Ulisse, Agamemnon,

Mettre Pergame en feu, tout ravager ? Non, non:
Ma honte par l'éclat deviendroit éternelle.
Faisons voir que notre ame est généreuse & belle.
Pour ne survivre pas à notre deshonneur,
Tuons-nous. C'est bien dit. Allons, ferme, mon
   cœur,
Il faut que ton secours à cet effort m'exhorte;
De son fourreau poudreux que cette lame sorte,
Frapons. Mais à propos, je suis un imprudent,
Dans cet instant je n'ai Gardes ni Confident
Pour retenir mon bras, & saisir mon épée,
Ma trame tout de bon pourroit être coupée.
Renguâine, Menelas; laisse Helene à Pâris,
Et change prudemment ta colere en mépris.

SCENE XX. ET DERNIERE.

LE MARQUIS, L'ELU, & *les Acteurs précédens.*

LE MARQUIS.

Oui, mon frere, c'est la soubrette qui nous a joués sous le nom de sa maîtresse, pour favoriser un rival.

L'ELU.

Eclaircissons-nous du fait. *appercevant Dorante.*
Ciel ! que vois-je ! mon fils !

LE MARQUIS.

Mon neveu ! eh ! en quel équipage !

M. MONDOR.

Qu'entens-je?

LUCAS.

La drôle d'avanture!

L'ÉLU.

Je te retrouve, quel bonheur!

LE MARQUIS.

Apprens-nous ce que tout ceci signifie.

DORANTE.

Je revenois d'Italie pressé du désir de vous revoir. Hier, passant par ici j'apperçus la charmante Lucile, ses attraits m'ont fixé, je ne puis vivre sans la posseder.

LISETTE.

Moi, je l'ai fait passer pour Comédien, il achevoit son rôle quand vous êtes entrés.

LE MARQUIS *à Lisette.*

Nous sçavons de tes nouvelles. *à Dorante.* Ton pere & moi nous avions à l'insçû l'un de l'autre formé le dessein d'épouser Lucile; mais nous sacrifions notre plaisir à celui de te rendre heureux. Je crois que personne ne m'en dédira.

M. MONDOR.

Je consens à tout.

MADAME MONDOR.

Et moi de même.

LISETTE *à l'Elu.*

Répondez-donc.

L'ÉLU.

Je suis de l'avis de la compagnie.

LES ACTEURS

DORANTE *prenant la main de Lucile*,
Belle Lucile, rien n'égale ma félicité.

LUCILE.
Croyez qu'elle fait la mienne.

LUCAS *à Lisette*.
Marions-nous itou, Mamesclle Lisette.

LISETTE.
Tu te mocques. Il me faut vraiment bien un autre mari que toi.

DORANTE.
Allons, que la fête s'exécute.

DIVERTISSEMENT.

Air.

EN tous lieux c'est la mode aujourd'hui
De jouer le rôle d'autrui.
La soubrette fait la maîtresse,
La bourgeoise fait la Duchesse ;
Le Commis
Tranche du Marquis :
On voit prendre à la vieillesse
Le ton badin de la jeunesse.
En tous lieux c'est la mode aujourd'hui
De jouer le rôle d'autrui.

AUTRE. (*On danse.*)

L'Enfant de Venus chaque jour
Double l'Hymen, & fait son personnage;
Mais par malheur ce n'est guere l'usage,
Que l'Hymen à son tour
Fasse le rôle de l'Amour.

VAUDEVILLE.

Partout, comme en ces climats,
Les mortels ont l'ame inconstante,
D'un rôle on est bien-tôt las
Quand long-tems on le représente;
On se meurt d'ennui,
Celui d'autrui
Nous tente.

A la toilette rends-toi,
Jeune Abbé, que l'amour captive;
De galant fais-y l'emploi,
Mais quand le Colonel arrive,
Prens vite manteau,
Canne & chapeau,
Dérive.

Mlle Dan- L'autre jour Colin disoit,
geville. Que depis qu'il est en minage,
Près de sa Nicole il fait
Toujours le même parsonnage;

Quand j'entens manti,
Par la mordi,
J'enrage.

Le petit   Avec mes petits talens
Garçon.   J'ai tâché de vous satisfaire,
Mais à l'âge de sept ans
Un tel rôle ne convient guere :
Peut-on comme il faut,
Faire si-tôt,
Le pere ?

La petite   Avant d'avoir un époux,
Fille.   De maman j'ai le caractere.
Critiques, passez-le-nous,
C'est un rôle assez ordinaire :
Souvent sans mari
L'on fait ici
La mere.

Pour quelqu'objet obligeant,
Financier, si l'amour t'exhorte,
Ne mets pas là ton argent,
Quand on le place de la sorte,
Le repentir est
Tout l'interêt
Qu'il porte.

Froids mortels, qui n'aimez rien,
Je n'ai garde de vous en croire ;

Aimer me paroît un bien,
J'en ai fait jufqu'ici ma gloire.
Oui, toujours mon fort
Fut d'aimer fort
A boire.

※ ※

Les pas legers & brillans
Qu'au théatre on fait en cadence
Mieux que les plus beaux talens
Font venir l'or en abondance.
Combien dans un Char
Ont monté par
La danfe.

※ ※

Quand un foupirant nous dit,
Loin de vous le chagrin me ronge,
Votre beauté me ravit,
Belle Iris, nuit & jour j'y fonge.
Comment nomme-t'on
Ce doux jargon ?
Menfonge.

※ ※

M. *Poiffon.* Sous la figure d'Amant,
Si quelque beauté me contrôle,
Elle a tort affurément,
Car, ma foi, je fuis un bon drôle
Peu d'Acteurs, je croi
Font mieux que moi
Ce rôle.

F I N.

APPROBATION.

J'AI lû par ordre de Monseigneur le Garde des Sceaux, la Comédie intitulée : *les Acteurs déplacés, ou l'Amant Comédien*, avec un Prologue & un Divertissement à la fin de la Piéce. A Paris ce 26. Novembre 1735. VALEYRE.

PRIVILEGE DU ROY.

LOUIS par la grace de Dieu, Roi de France & de Navarre : à nos amez & feaux Conseillers les Gens tenans nos Cours de Parlement, Maîtres des Requêtes ordinaires de notre Hôtel, Grand Conseil, Prévôt de Paris, Baillifs, Sénéchaux, leurs Lieutenans Civils, & autres nos Justiciers qu'il appartiendra, SALUT. Notre bien amé Pierre-Jacques Ribou, Libraire à Paris, Nous ayant fait supplier de lui accorder nos Lettres de Permission pour l'impression des *Acteurs déplacés, ou l'Amant Comédien, par le sieur l'Affichard, Arlequin Apprentif Philosophe,* offrant pour cet effet de les faire imprimer en bon papier & beaux caracteres, suivant la feuille imprimée & attachée pour modéle sous le Contrescel des Présentes : Nous lui avons permis & permettons par ces Présentes, de faire imprimer lesdits Livres ci-dessus spécifiés, en un ou plusieurs volumes, conjointement ou séparément, & autant de fois que bon lui semblera, & de les vendre, faire vendre & débiter par tout notre Royaume pendant le tems de trois années consécutives, à compter du jour de la date desdites Présentes. Faisons défenses à tous Libraires, Imprimeurs & autres personnes de quelque qualité & condition qu'elles foient, d'en introduire d'impreſſion étrangere dans aucun lieu de notre obéiſſance; A la charge que ces Préſentes ſeront enregiſtrées tout au long ſur le Régiſtre de la Communauté des Libraires & Imprimeurs de Paris dans trois mois de la date d'icelles ; que l'impreſſion de ces Livres ſera faite dans notre Royaume, & non ailleurs, & que l'Impétrant ſe conformera en tout aux Reglemens de la Librairie, & notamment à celui du dix Avril 1725. & qu'avant que de les expoſer en vente, les manuſcrits ou imprimez qui auront ſervi de copie à l'impreſſion deſdits Livre, ſeront remis dans le même état où les approbations y auront été données, ès mains de notre très-cher & féal Chevalier le Sr CHAUVELIN, Garde des Sceaux de France, Commandeur de nos Ordres, & qu'il en ſera enſuite remis deux exemplaires dans notre Bibliotheque publique, un dans celle de notre Château du Louvre, & un dans celle de notre très-cher & féal Chevalier Garde des Sceaux de France, le Sieur CHAUVELIN, Commandeur de nos Ordres; le tout à peine de nullité des Préſentes ; du contenu deſquelles vous mandons & enjoignons de faire jouir l'Expoſant ou ſes ayans cauſe, pleinement & paiſiblement, ſans ſouffrir qu'il leur ſoit fait aucun trouble ou empêchement. Voulons qu'à la copie deſdites Préſentes qui ſera imprimée tout au long au commencement ou à la fin deſdits Livres, foi ſoit ajoutée comme à l'original. Commandons au premier notre Huiſſier ou Sergent de faire pour l'exécution d'icelles tous actes requis & néceſſaires, ſans demander autre permiſſion, & nonobſtant clameur de Haro, Chartre Normande & Lettres à ce contraires : CAR tel eſt notre plaiſir. DONNE' à Verſailles le vingt-deuxiéme jour de Décembre l'an de grace mil ſept cent trente-ſix, & de notre Regne le vingt-deuxiéſme. Par le Roi en ſon Conſeil.

SAINSON.

Regiſtré ſur le Regiſtre IX. *de la Chambre Roya-*
le des Libraires & Imprimeurs de Paris, N°. 405.
fol. 369. *conformément aux anciens Reglemens con-*
firmez par celui du 28 *Février* 1723. *A Paris le*
2. *Janvier* 1737.
       G. MARTIN, *Syndic.*

www.ingramcontent.com/pod-product-compliance
Lightning Source LLC
LaVergne TN
LVHW021005090426
835512LV00009B/2098